Anonymous

Kunsttopferei und Ofenfabrik von Hausleiter und Eisenbeis

Anonymous

Kunsttopferei und Ofenfabrik von Hausleiter und Eisenbeis

ISBN/EAN: 9783743632561

Hergestellt in Europa, USA, Kanada, Australien, Japan

Cover: Foto ©Andreas Hilbeck / pixelio.de

Weitere Bücher finden Sie auf **www.hansebooks.com**

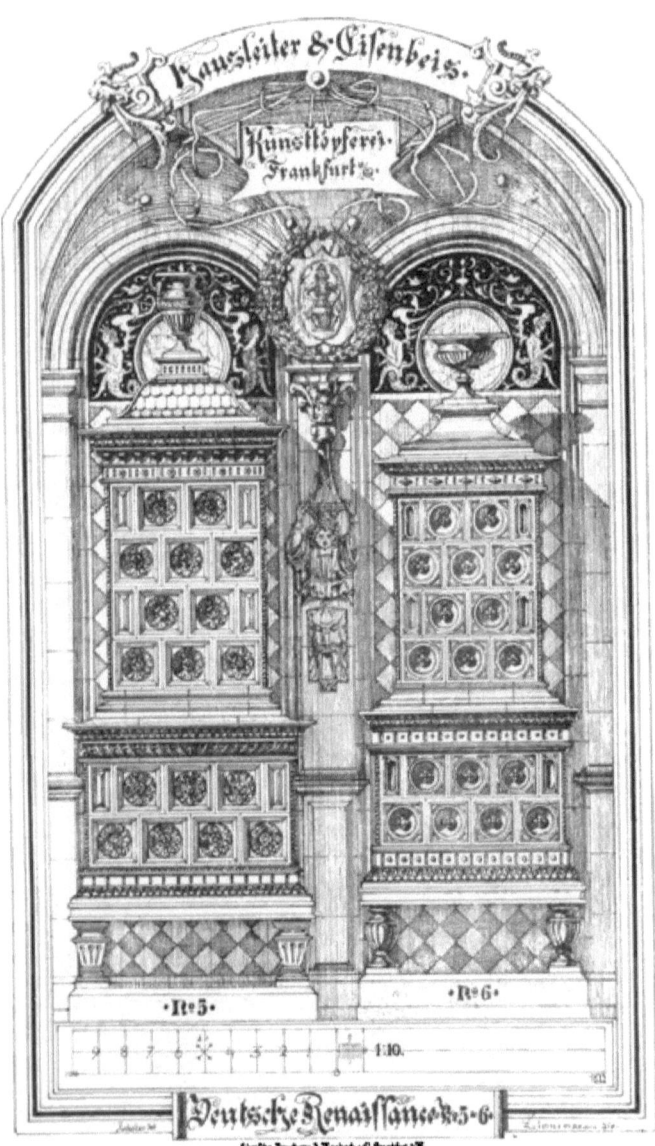

Kunstleiter & Eisenbeis.

Kunsttöpferei Frankfurt a.

Deutsche Renaissance № 15–19.

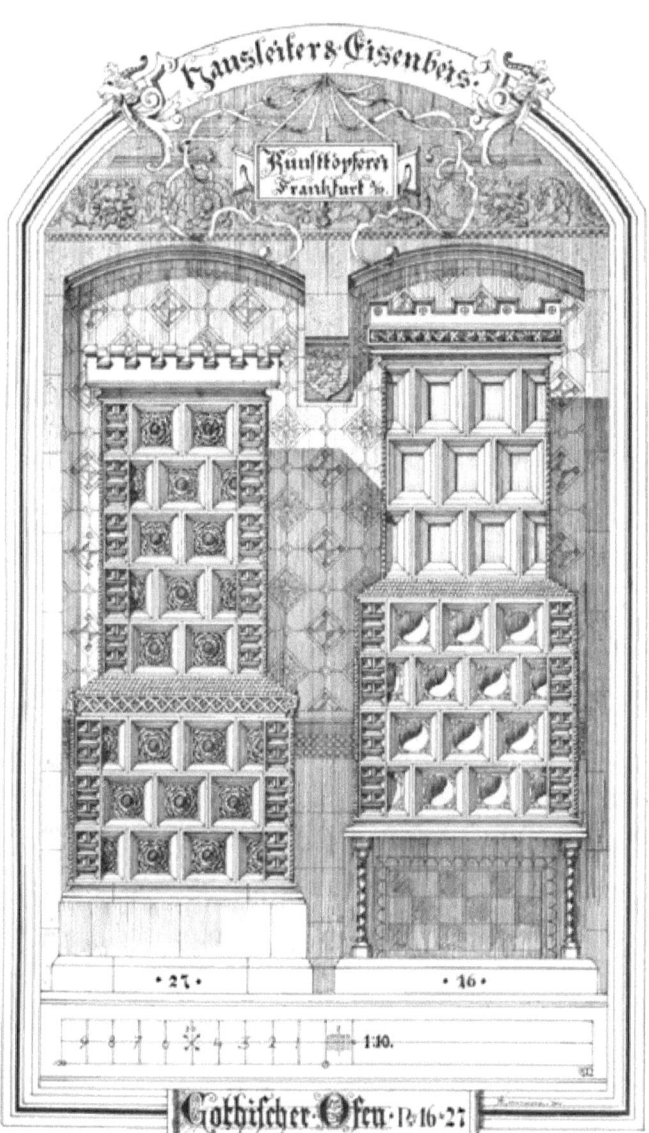

Gothischer Ofen · № 16 · 27

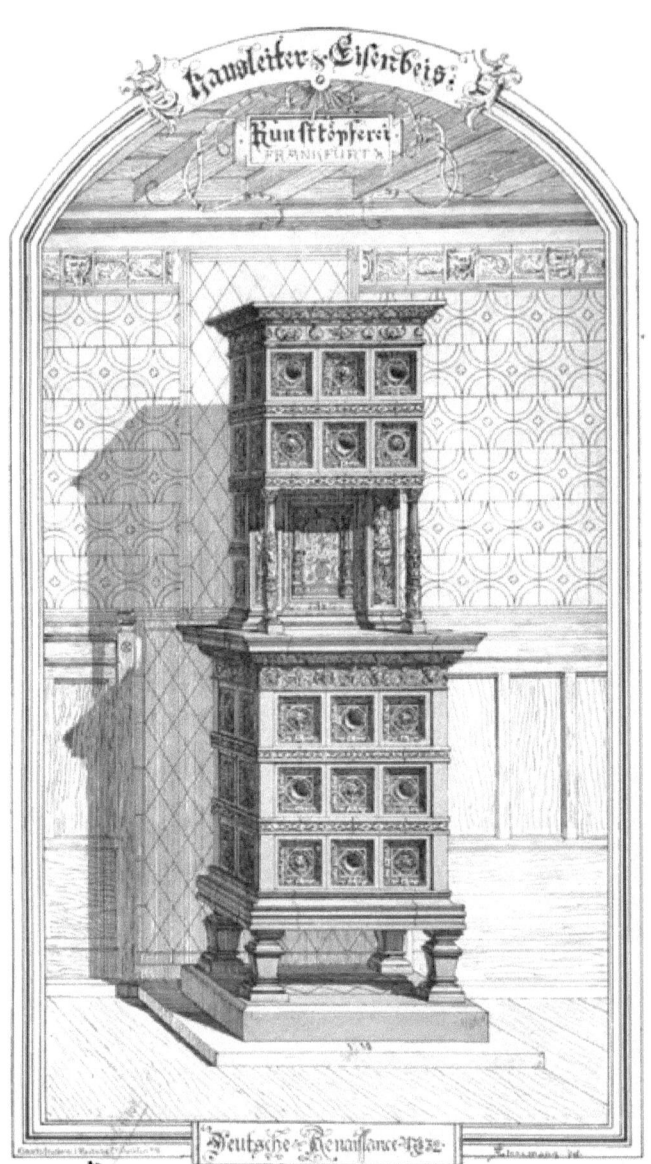